Collection de M. M. G.

❧ ❧ ❧ ❧

OBJETS D'ART

De la Chine et du Japon

CONDITIONS DE LA VENTE

Elle sera faite *au comptant.*

Les adjudicataires paieront *dix pour cent* en sus des enchères.

L'exposition mettant le public à même de se rendre compte de l'état et de la nature des objets, il ne sera admis aucune réclamation, une fois l'adjudication prononcée.

OBJETS D'ART

De la Chine et du Japon

SCULPTURES - PEINTURES - ESTAMPES

Gardes de sabres - Laques - Grès

Petits Bronzes de la Chine et du Japon

DONT LA VENTE AURA LIEU A PARIS

HOTEL DROUOT, SALLE N° 10

Le Jeudi 9 Février 1911, à 2 heures.

Mᵉ F. LAIR-DUBREUIL

COMMISSAIRE PRISEUR

6, rue Favart, 6

Expert : M. Marcel BING, 10, rue Saint-Georges

EXPOSITION PUBLIQUE

Le Mardi 7 Février 1911, de 2 heures à 6 heures.

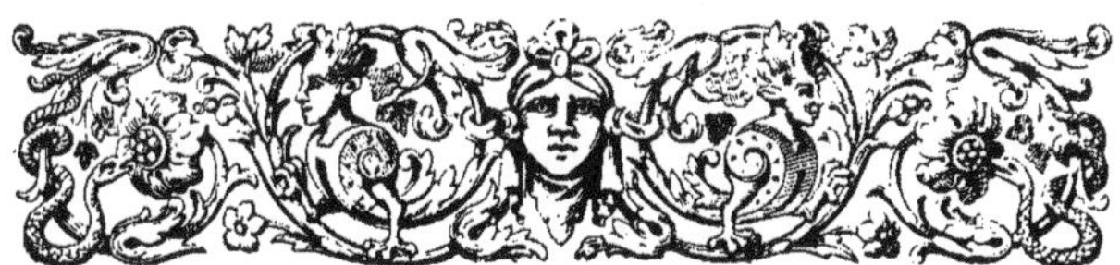

SCULPTURES EN BOIS

1 — STATUETTE de Niô-o en armure, vociférant, la lance levée, en piétinant le démon. Bois laqué noir et or. Art japonais, xvᵉ siècle.

    Pl. I.   Haut., 35 cent.

2 — PETITE STATUETTE de Bodhisatva légèrement inclinée, les mains croisées et priant. Bois laqué noir et or. Art japonais, xvᵉ siècle.

    Pl. II.   Haut., 20 cent.

3 — PETIT MASQUE d'homme, bois teinté de rouge. Art japonais.

                                        Haut., 9 cent.

4 — PETIT MASQUE de vieillard profondément creusé de rides, bois laqué blanc. Art japonais.

                                        Haut., 10 cent

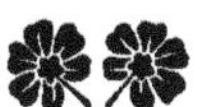

BRONZES CHINOIS ET JAPONAIS

❖ ❖ ❖ ❖

STATUETTES RELIGIEUSES ET STATUETTES D'AUTELS DOMESTIQUES

5 — MANJUSCRI assis sur le lion tenant le sceptre de la main gauche.
Art de la Chine méridionale.
Pl. I.   Haut., 20 cent.

6 — PETIT PERSONNAGE debout, vêtu d'une longue robe, et coiffé
d'un bonnet à oreillettes, présentant de ses deux mains un vase
destiné à recevoir le cierge, sur une étoffe d'où pendent des
rubans, traces de dorure. Art chinois, dynastie des Ming,
xive-xve siècle.
                                                          Haut., 14 cent.

7 — PETIT PERSONNAGE debout vêtu d'un manteau retroussé à mi-
jambe, dans la même attitude que le précédent. Art chinois,
dynastie des Ming, xive-xve siècle.
Pl. II.   Haut., 13 cent.

8 — SAINT bouddhique debout à côté d'un cerf couché, sur la tête
duquel il pose la main. Art chinois.
Pl. III.   Haut., 7 cent.

9 — SAINT bouddhique assis de côté sur un buffle dont une patte
de devant est relevée. Art chinois.
Pl. III.   Haut., 8 cent.

10 — STATUETTE de femme debout, vêtue d'une longue robe à larges
manches, tenant entre ses deux mains une boîte à livres (trous
et fusion à la base, causés par un incendie). Art chinois.
Pl. III.   Haut., 15 cent.

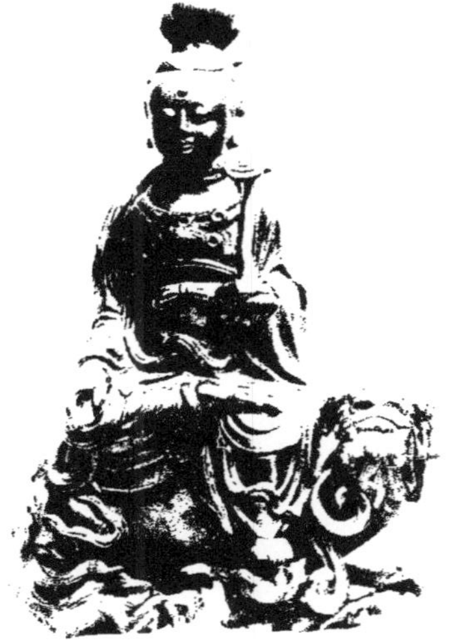

5

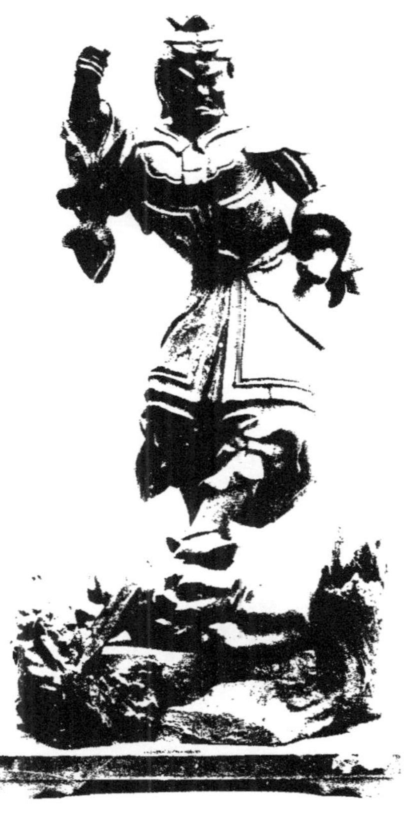

1

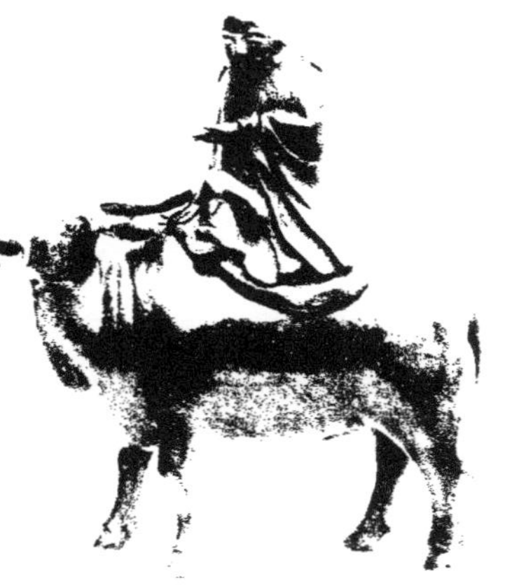

11

BRULE-PARFUMS

11 -- Lao-Tseu chevauchant un bœuf, et tenant un rouleau dans la
main gauche. Art chinois.
Pl. I.   Haut., 18 cent.

12 -- Saint bouddhique tenant déplié un rouleau, assis de côté sur
un tigre qui rugit. Art chinois.
Haut , 10 cent.

13 — Buffle couché, une corde passée dans les naseaux, portant
sur son dos un enfant qui joue de la flûte. Art japonais.
Haut., 8 cent.; long., 11 cent.

14 — Buffle couché. Art japonais.
Long . 18 cent.

15 — Petite coupe à trois pieds et deux anses, à couvercle ajouré
portant un chien de Fo. Art chinois.
Haut., 12 cent.

16 — Petite coupe à trois pieds et deux anses, à couvercle ajouré
portant un chien de Fo. Art chinois.
Haut., 12 cent.

17 — Petit vase à côtes verticales, à deux anses. couvercle surmonté d'un lézard. Art japonais.
Haut , 14 cent.

18 — Singe assis dont le long bras droit est levé. Art japonais mo-
derne.
Haut.. 30 cent.

COMPTE-GOUTTES

19 — Enfant poussant devant lui un énorme fruit rond dont la tige,
coupée et trouée, sert de bec à verser l'eau. Art japonais.
Haut.. 7 cent.

20 — Petit chien se grattant l'oreille de sa patte de derrière. Art japonais.

Haut., 6 cent.

21 — Petit buffle couché. Art chinois.

Long., 8 cent.

22 — Poisson posant sur ses nageoires et sa queue. Art japonais.

Long., 8 cent.

23 — Fruit dont la tige percée sert de bec à verser l'eau. Art japonais.

Haut., 5 cent.

24 — Fruit posant entre deux feuilles. Art japonais.

Long., 7 cent.

24 *bis* — Petite aiguière de forme aplatie, munie d'une anse, avec couvercle à charnière et avec bec à tête d'animal. Art chinois.

Haut., 8 cent.

25 — Petite bouilloire de forme basse avec anse modelée, anse levée. Art japonais.

Haut., 6 cent

VASES ET PIÈCES DE FORME

26 — Vase décoré sur la panse d'une frise où se déroulent les flots de la mer, et sur le col d'une frise quadrillée et ponctuée, avec deux anses à têtes de monstres. Art chinois.

Haut., 27 cent.

27 — Vase décoré en ronde-bosse d'un dragon s'enroulant autour du col, et sur le pied une frise avec les flots. Art chinois.

Haut., 22 cent.

28 — Vase avec renflement et orifice évasé. Art chinois.

Haut., 19 cent.

CHINE-JAPON

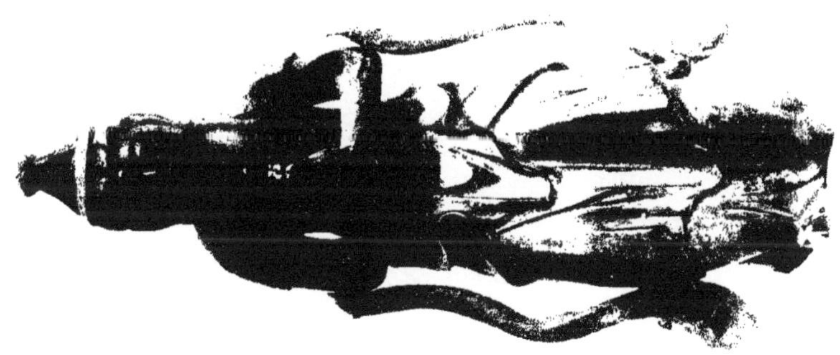

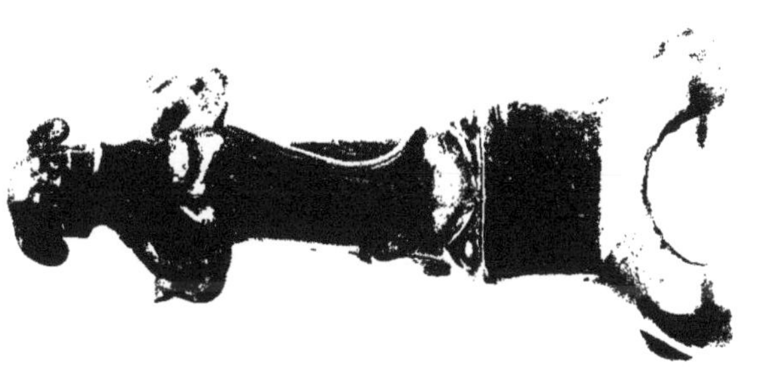

29 — Vase à forme quadrangulaire et à pans effacés, décoré de deux
frises ornementales, et de deux têtes d'éléphants en forme d'anses.
Art chinois.

Haut., 23 cent.

30 — Vase à forme balustre décoré de rainures horizontales. Art
japonais.

Haut., 21 cent.

31 — Vase de forme octogonale à pans coupés, décoré au sommet
d'une petite galerie ajourée, et à la base d'un dragon s'enroulant en ronde-bosse. Art chinois.

Haut., 13 cent.

32 — Vase de forme archaïque, de fonte très claire, muni de deux
anses, décoré sur chaque face d'un compartiment en forme
d'ogive gravé. Art chinois.

Haut., 12 cent.

33 — Petit vase de forme ovoïde décoré de deux masques modelés
avec des anneaux mobiles comme anses. Art chinois.

Haut., 10 cent.

34 — Petit vase en forme de poisson dressé sur sa queue dont la
bouche ouverte forme orifice. Art chinois.

Pl. II.   Haut. 12 cent

35 — Théière à anse en forme de tortue dont la tête forme bec, et
décorée de deux frises ; le couvercle est surmonté d'un poisson
comme bouton. Art chinois.

Haut., 12 cent ; long , 15 cent

36 — Jardinière ronde posée sur trois pieds à têtes de monstres,
décorée de trois frises. Art chinois.

Diam., 14 cent.

37 — Jardinière rectangulaire à anses à têtes de monstres, décorée
d'une frise et de lambrequins incrustés d'argent. Art chinois.

Long., 10 cent. ; larg . 7 cent. ; haut., 8 cent.

38 — Flambeau en forme de grue tenant en son bec une tige de
lotus dont la feuille forme bobèche, et posée sur une tortue. Art
chinois.

Haut , 37 cent.

39 — PRESSE-PAPIER en forme de lion assis, et posant sa patte
gauche sur un globe ajouré. Art chinois.

Long., 8 cent ; haut. 8 cent.

40 — PRESSE-PAPIER figurant un lion assis. Art chinois.

Haut., 5 cent.

41 — PRESSE-PAPIER en forme d'oiseau endormi la tête sur son aile,
les ailes tout incrustées d'argent. Art chinois.

Long., 7 cent. ; haut., 4 cent.

42 — BRULE-PARFUMS en forme de lion. Art chinois.

Haut., 10 cent.

43 — COMPTE-GOUTTES en forme d'aiguière à anse de forme aplatie
avec des rinceaux et couvercle. Art chinois.

Haut., 7 cent.

44 — CENDRIER en cuivre sur 3 pieds avec socle en cuivre. Art
chinois.

Marque au revers.

45 — PETIT CRABE marchant. Art japonais.

Long., 15 cent.

46 — PRESSE-PAPIER en forme de dragon rampant. Art chinois.

Long., 16 cent.

47 — ORNEMENT dressé sur un pied en forme de perroquet. Art
chinois.

Haut., 9 cent.

48 — TABATIÈRE oblongue, en fer repoussé de dragons. Art japonais.

Haut., 7 cent.

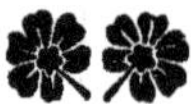

BRONZE CLOISONNÉ

19 — Brule-parfums en forme de caisse élevée sur quatre pieds
droits, avec un couvercle taluté et deux anses, décoré de fleurs et
rinceaux à émaux cloisonnés blancs et rouges sur fond vert. Art
chinois, xviiie siècle.

GRÈS JAPONAIS

50 — Mitzusashi, vase à eau dont la panse est rétrécie vers le milieu.
Coulées blanches et rouges sur terre brune ; couvercle laqué
noir. Ateliers d'Assahi, art japonais, xviiie siècle. Ancienne
collection Ch. Gillot.

Haut., 14 cent ; diam., 12 cent.

51 — Mitzusashi, forme tubulaire, à larges modelés. Email rouge,
couvercle en grès semblable. Ateliers de Rakou, art japonais.
xviiie siècle.

Haut., 19 cent. ; diam., 14 cent.

52 — Mitzusashi, de forme tubulaire décoré, sur émail blanc d'ondes
circulaires bleues et de feuilles brunes et vertes. Ateliers de
Kyoto, art japonais, xviiie siècle.

Haut., 16 cent. : diam., 14 cent.

53 — Bouteille ovoïde à couverte brune vitreuse avec coulées blanches et verdâtres.

Haut., 23 cent.

54 — Bouteille à couverte bleue et brune avec coulées blanches
tigrées et verdâtres.

Haut., 23 cent.

55 — Bouteille de forme très aplatie avec bec, à couverte brune et
grandes coulées blanches bleuâtres.

Haut., 24 cent.

56 — Vase de forme presque ronde, orifice très étroit, à couverte verte striée de jaune. Atelier de Nagato, art japonais, xviiie siècle.

Haut., 10 cent.

57 — Petite bouteille de forme carrée arrondie aux angles, couverte rose et verte, décorée de disques à caractères d'écriture blancs, petit couvercle en grès. Ateliers de Rakou, xixe siècle, art japonais.

Haut., 9 cent.

58 — Petit vase à col, coulées brunes et blanchâtres vitreuses. Art japonais.

Haut., 14 cent.

59 — Petit vase à anses, coulées brunes. Art japonais.

Haut., 12 cent.

60 — Tchairé (pot à thé), à coulées jaunes et vertes sur fond brun. Art japonais.

Haut., 11 cent.

61 — Tchairé (pot à thé), à coulées brunes rougeâtres vitreuses. Art japonais.

Haut., 9 cent.

62 — Tchairé (pot à thé), coulées brunes claires sur terre grise. Atelier de Seto, xviiie siècle, art japonais.

Haut., 6 cent.

63 — Tchairé à deux anses, émail à coulées bleues. Art japonais.

Haut., 9 cent.

64 — Tchairé à large panse et à émail jaune clair. Art japonais.

Haut., 5 cent.

65 — Kogo en forme de lapin, émail blanc. Kyoto, xviiie siècle, art japonais.

66 — Kogo en forme de héron ramassé, émail brun rougeâtre. Kyoto, xviiie siècle, art japonais.

67 — Kogo en forme de chouette, émail bleu verdâtre. Kyoto, xviiie siècle, art japonais.

68 — Petite coupe creuse émail gris bleuté décorée sur le pourtour intérieur de rosettes gravées se détachant en blanc. Art coréen, xvie siècle.

69 — Bol à émail blanc crémeux décoré de raves à tiges en brun brûlé. Signé Kenzan. xviie siècle.

70 — Bol à émail noir décoré d'une branche de pin émaillé en blanc. Atelier de Rakou. Décor de Kenzan. xviie siècle.

71 — Série de six assiettes décorées de fleurs colorées sur fond brun. Style de Kenzan.

Diam., 15 cent.

72 — Bol à bords droits, émail noir, taches rouges. Ateliers de Rakou, xviie siècle.

Haut., 6 cent ; diam., 11 cent.

73 — Bol à bords droits, émail noir. Atelier de Rakou (marque), xviiie siècle.

Haut., 9 cent ; diam., 10 cent

74 — Bol évasé émail rose, décor de rinceaux noirs et de feuilles blanches. Marque au revers. Atelier de Rakou.

Haut., 9 cent ; diam., 12 cent.

75 — Bol évasé, à émail rouge, décor de branchettes blanches et taches verdâtres, marque modelée sur la terre. Atelier de Rakou.

Haut., 7 cent ; diam., 10 cent.

76 — Bol évasé, à couverte et à coulées très épaisses de gouttes bleues et brunes, terre grumeleuse, xixe siècle.

Haut., 7 cent. ; diam., 12 cent

77 — Bol évasé, couverte blanche craquelée, décor de taches noires et brunes simulant des nuages au milieu desquels apparaît une lune blanchâtre marque gravée dans la terre.

Haut., 9 cent. ; diam., 12 cent.

78 — Bol évasé à couverte blanche et taches brunes et noires.

Haut., 6 cent. ; diam., 11 cent.

79 — Bol à couverte mi-partie blanc rosé et craquelé avec décor de bambou en noir, et mi-partie noir, métallique. Marque frappée dans la terre au revers.

Haut., 9 cent. ; diam., 9 cent.

80 — Petite jardinière de forme triangulaire, arrondie d'un côté, couverte verte et bleue, décor intérieur de fleurs et de lignes brisées. Ateliers d'Oribé.

Haut., 5 cent. ; long., 13 cent.

81 — Théière à anse et de forme allongée décorée sur un émail blanc de dents en émail rouge et de deux poissons pendus. Ateliers de Kyoto, xviiie siècle.

Haut., 16 cent.

82 — Petit vase à col très aminci, couverte gris jaunâtre craquelé, caractères d'écriture gravés en bleu dans la terre.

Haut., 17 cent.

PORCELAINES DE CHINE

83 — Vase en porcelaine rouge décorée de fleurs à reflets. Epoque de Kan-Shi.

84 — Bol à couverte jaune impérial, décor de tchis et de dragons en vert. Marque au revers. Epoque de Kien-Long. Art chinois.

Haut., 7 cent. ; diam., 14 cent.

85 — Petite potiche, à couverte blanche, décorée d'un cortège de trois personnages dont l'un chevauche un Kilin bleu. Epoque de Kan-Shi. Art chinois.

Haut., 11 cent.

86 — Animal en forme de vase sacrificatoire tenant en sa bouche un versoir. Email blanc verdâtre. Art chinois.

Long., 13 cent. ; haut., 7 cent.

87 — Petit brule-parfums en porcelaine céladon, couvercle métal
ajouré. Art chinois.

Haut , 7 cent.

GARDES DE SABRES
JAPONAISES

88 — Garde ajourée de deux langoustes. Fer.

89 — Garde formée dans sa partie supérieure d'un mulet dont un
singe tient la bride dans la partie inférieure. Fer.

90 — Garde ajourée de deux dragons affrontés. Fer.

91 — Garde ajourée de fleurettes à cinq pétales, signature gravée.
Fer.

92 — Garde ajourée de deux fleurs de pawlonia et de rayons se
recoupant. Fer.

93 — Garde ajourée de deux feuilles dentelées, signature gravée.
Fer.

94 — Garde ajourée de fleurs de chrysanthèmes. Fer.

95 — Garde ajourée de quadrillés à petites dents. Fer.

96 — Garde ajourée mi-partie d'un réseau, mi-partie de petites
divisions dentelées. Fer.

97 — Garde ajourée de cloisons rayonnantes dentelées. Fer.

98 — Garde ajourée de petites alvéoles rondes entrecoupées d'ornements réguliers. Fer.

99 — GARDE ajourée de branches de pins, de tiges de bambous et d'une fleur, signature gravée. Fer.

100 — GARDE ajourée sans décor ; le bandeau circulaire extérieur incrusté de fleurs et rinceaux de cuivre. Atelier de Fushimi. Fer.

101 — GARDE ajourée d'attributs guerriers incrustés d'or, signature gravée. Fer.

102 — GARDE formée de 2 feuilles recourbées à rehauts de feuilles d'or, signature gravée. Fer.

103 — GARDE ajourée de petites cloisons rayonnantes régulières, le bandeau circulaire extérieur gravé de lacets incrustés d'or. Fer.

104 — GARDE pleine ciselée finement de fleurs de chrysanthèmes épanouies noires ou or. Fer.

105 — GARDE pleine décorée d'un paysage montagneux avec personnages et pagodes incrustés d'or. Fer.

106 — GARDE pleine à pans coupés, décorée d'un tronc de pin enguirlandé de vignes, incrustée en or, signature gravée. Fer.

107 — GARDE pleine, formée d'un personnage riant coiffé d'un bonnet et tenant un coq. Cuivre.

108 — GARDE pleine décorée d'un paysage de branches de pins, et vol d'oiseaux incrustés en argent, passant devant une lune ajourée dans la plaque. Cuivre.

109 — GARDE pleine décorée de poissons gravés et frottés d'or. Fer.

110 — SIX GARDES de fer ajourées, ornements géométriques ou floraux. Fer.

111 — SIX GARDES de fer ajourées d'ornements géométriques, floraux ou d'oiseaux volants. Fer.

112 — Cinq gardes de fer ajourées d'ornements floraux ou d'oiseaux. Fer.

113 — Sept gardes pleines de fer décorées de paysages, oiseaux et animaux incrustés en or ou argent. Fer.

MANCHES DE COUTEAUX AVEC LEURS LAMES

114 — Manche de couteau décoré de dragons. Cuivre rehaussé d'or.

115 — Manche de couteau décoré d'un éléphant. Cuivre.

116 — Manche de couteau décoré de deux chevaux dont un doré. Cuivre.

117 — Manche de couteau décoré d'un oiseau de paradis et de branchettes. Cuivre doré.

118 — Manche de couteau décoré d'un escargot et de lianes. Cuivre doré.

119 — Manche de couteau décoré d'un personnage à crâne proéminent. Cuivre gravé.

120 — Manche de couteau décoré d'un oiseau dans des roseaux. Cuivre.

121 — Manche de couteau décoré d'un pointillé. Cuivre.

122 — Manche de couteau décoré d'un carquois et d'un arc doré. Bronze.

123 — Manche de couteau décoré de chevaux galopants. Bronze.

124 — Manche de couteau décoré d'un chien au milieu des fleurs.
Bronze.

125 — Manche de couteau décoré d'un dragon rampant. Bronze.

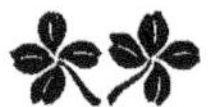

LAQUES JAPONAIS

126 — Boite rectangulaire en bois naturel décorée sur ses deux
longs côtés d'un cerf incrusté en burgau, la tête ramenée entre
les deux pattes de devant, au milieu de hautes graminées
laquées en or, et de cerf et biche couchés incrustés en étain ou
laqués en or. Au couvercle deux rouleaux laqués d'or et décorés
de branchettes. Atelier de Koyetsou, en partie du xviie siècle.
PI. III.   Long., 17 cent. ; haut., 10 cent

127 — Boite ronde en laque noir, décorée de fleurs en or.
xviie siècle.
PI. III.   Diam., 14 cent. ; haut., 6 cent.

128 — Etui à pipe de laque noir, décoré de roseaux en laque d'or et
incrusté d'un insecte de nacre et de deux oies d'argent volant
devant le disque de la lune. xixe siècle.
Long., 20 cent.

INROS

129 — Inro en laque brun rougeâtre poudré d'or, décoré d'un buffle
noir taché de plaques de burgau, et au revers d'un bac en
burgau avec touffe de chrysanthèmes. Atelier de Koyetsou.
xviie siècle.

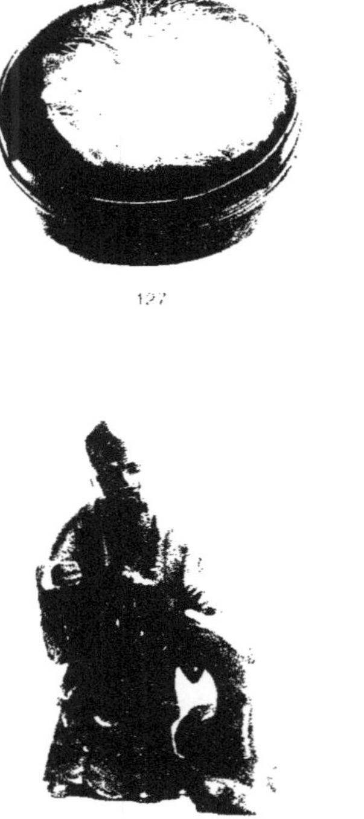

127

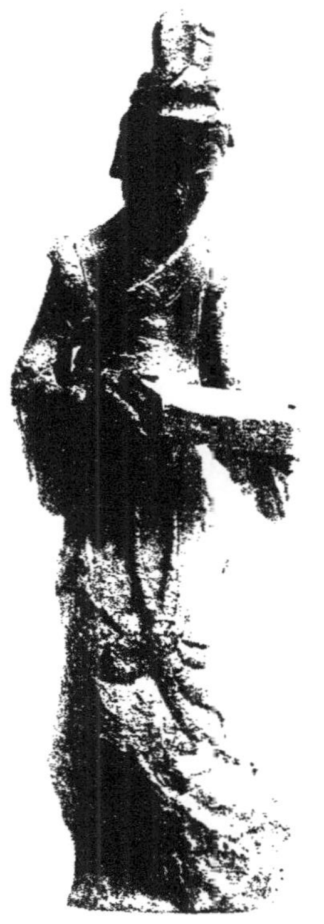

126

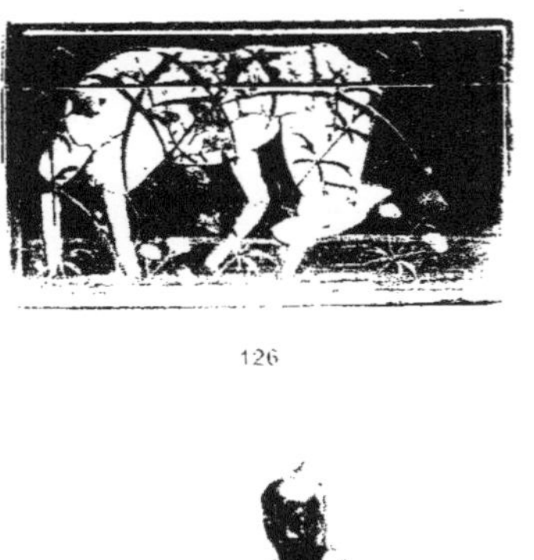

8

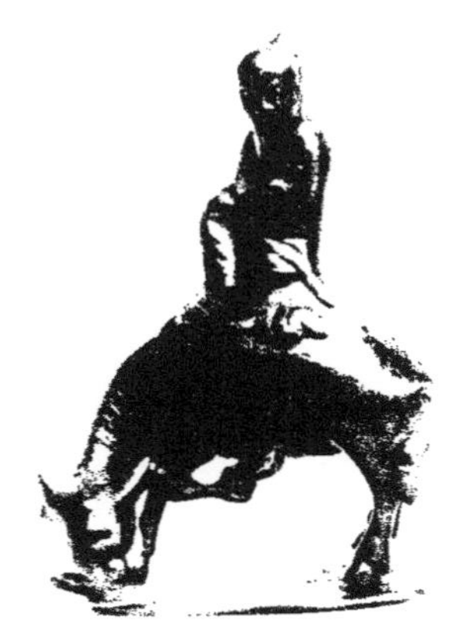

10

9

130 — INRO en laque noir décoré de deux hérons en burgau volant
au-dessus de roseaux et de flots laqués en or, et au revers de
2 hérons posés au milieu des roseaux. Style de Koyetsou.
xviiᵉ siècle.

131 — INRO en laque noir frotté d'or décoré des deux côtés de paysages d'arbres et de lianes en léger relief avec des singes. Commencement du xixᵉ siècle.

132 — INRO de laque aventuriné, décoré des trois angliers noirs galo-
pant au milieu de graminées d'or. Commencement du xixᵉ siècle.

133 — INRO en laque aventuriné décoré de paysages montueux avec
grands arbres et maisons dans des enclos. xviiiᵉ siècle.

134 — INRO en laque aventuriné décoré de bouquets de cryptome-
rias. xviiiᵉ siècle.

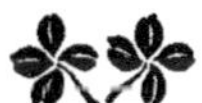

NETSUKÈS

135 — PERSONNAGE grotesque tenant un cornet à la main et portant
sur son épaule un enfant. Bois.
Haut., 8 cent.

136 — BOUTON sculpté d'un personnage soutenu par une roue sur
les flots. Bois.

137 — NETSUKÉ de forme ovoïde sculpté d'un dieu du bonheur riant.
Bois.

138 — NETSUKÉ en forme de tête de poisson incrustée d'un petit rat
d'ivoire. Bois clair.

139 — PERSONNAGE nu accroupi tenant un sac. Bois.

140 — PERSONNAGE couché et dormant. Bois.

141 — PERSONNAGE à tête de diable assis un livre ouvert devant lui.
Bois.

142 — VIEILLE FEMME assise enveloppée d'une cape. Bois.

143 — PERSONNAGE comique assis, un éventail déployé à la main.
Bois.

144 — PERSONNAGE accroupi et riant un éventail à la main. Ivoire.

145 — SOURIS portant sur son dos une petite souris. Ivoire.

146 — SOURIS couchée. Ivoire

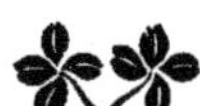

PEINTURES

117 — KAKEMONO, représentant Jiso trônant sur la fleur de lotus,
entouré de Kongara et de Seitaka. Art bouddhique japonais,
XVI° siècle.
Pl. IV.   Haut., 42 cent. ; larg. 25 cent.

148 — PORTRAIT d'un bonze à mi-corps, tenant un bâton dans la
main droite et le chasse-mouche dans la main gauche, robe
rouge et blanche. Art japonais, XVII° siècle.
Haut., 75 cent. ; larg., 52 cent.

149 — DEUX ÉVENTAILS peints sur papier à fond d'argent, de personnages présentant des livres bouddhiques à un souverain assis
dans un grand fauteuil, et de personnages examinant un
kakemono déroulé dans un paysage. Art japonais. Style de
Masanobou, XVI° siècle.

150 — QUATRE ÉVENTAILS peints sur papier à fond d'argent d'animaux à l'encre de Chine dans des paysages. École de Kano, Japon.
XVI° siècle.

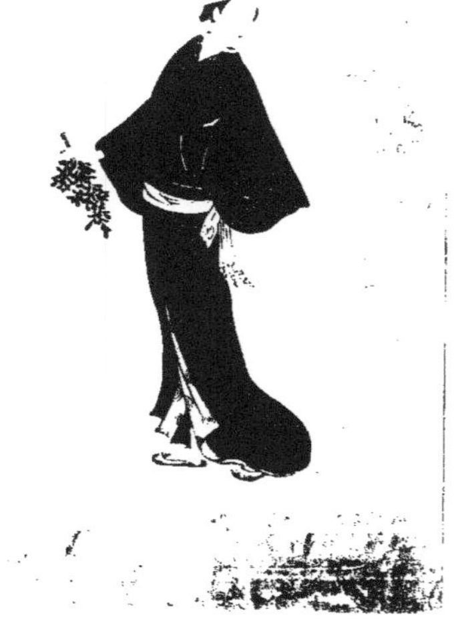

158

179

147

151 — Kakemono représentant un paysage montagneux de la Chine, un lac avec un grand pin en premier plan. Encre de Chine. École de Shiubun.

152 — Kakemono représentant à l'arrière-plan un paysage de hautes montagnes perdues dans les brouillards qui s'élèvent d'un lac, — et à droite un monticule hérissé de pins et un village dans la déclivité. Encre de Chine. École de Sesshiu.

153 — Kakemono représentant un vaste paysage de montagnes à l'arrière-plan dans la brume, à gauche un promontoire avec village, arbres et barques à l'ancre au bord d'un lac. Encre de Chine. École de Kano.

154 — Kakemono représentant un paysage de hauts sommets dans la brume ; au premier plan une rive portant des arbres et une maison dont s'éloigne une barque avec un rameur. Encre de Chine. École de Kano.

155 — Kakemono représentant un vaste paysage de rives brumeuses, de rivière avec des rapides, de rochers, d'arbres et de maisons. Encre de Chine. Style de Kano au xix° siècle.

156 — Kakemono représentant un vaste paysage à plusieurs plans de montagnes. jusqu'au Fuji qui s'élève dans les nuages. Les arbres sont indiqués et peints avec des rouges et des verts. Style de Tanyu.

157 — Kakemono représentant un grand aigle perché qui crie. Encre de Chine.

158 — Peinture sur papier d'une femme vêtue d'une robe verte bordée de rouge, la tête couverte d'un grand mouchoir, marchant en tenant une branchette à la main droite et en se détournant. Art de l'Oukyoyé, xviii° siècle.

Pl. IV.Haut . 50 cent ; larg., 24 cent.

159 — Peinture sur papier d'une femme rattachant sa coiffure, robe rouge et jaune. Art de l'Oukyoyé, fin du xviii° siècle.

Haut , 1 m. 10 ; larg.. 42 cent.

160 — Dessin sur papier de femmes dansant accompagnées de musiciens. Japon, xixe siècle.

Long., 1 m. ; haut., 25 cent.

161 — Corbeau perché sur une branche de kaki. Dessin à l'encre sur papier, xixe siècle.

Haut., 82 cent. ; larg., 30 cent.

162 — Grue volant. Dessin à l'encre sur papier. Japon, xixe siècle.

Haut., 40 cent. ; larg., 42 cent.

ESTAMPES

163 — Un acteur tête nue avec 2 grands sabres passés dans sa ceinture. Torii Masanobou, commencement du xviiie siècle.

164 — Un jeune Samourai assis devant une grande jardinière plantée de pins nains. Torii Masanobou, xviiie siècle.

165 — Un acteur tenant son sabre et son éventail, debout sur ses socques. Torii Kyonobou, commencement du xviiie siècle.

166 — Une femme assise sur un banc dans un intérieur, tenant en laisse un chien. Shighenobou, xviiie siècle.

167 — Une femme qu'un homme suit en l'abritant sous un parasol. Koriusai, xviiie siècle.

168 — Un cavalier repoussant un guerrier qui veut arrêter son cheval. Katsukawa Shunsho, xviiie siècle.

169 — Une femme tenant une large coupe où un guerrier trempe ses lèvres. Shunsho.

170 — Un portrait d'acteur, visage un peu gros, la main en avant. Sharakou, xviiie siècle.

Pl. V.

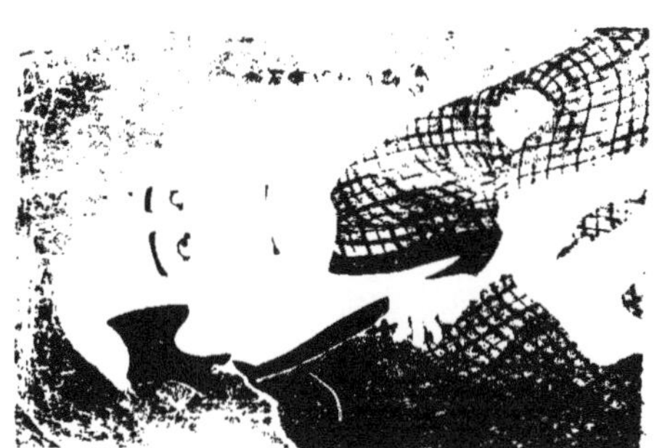

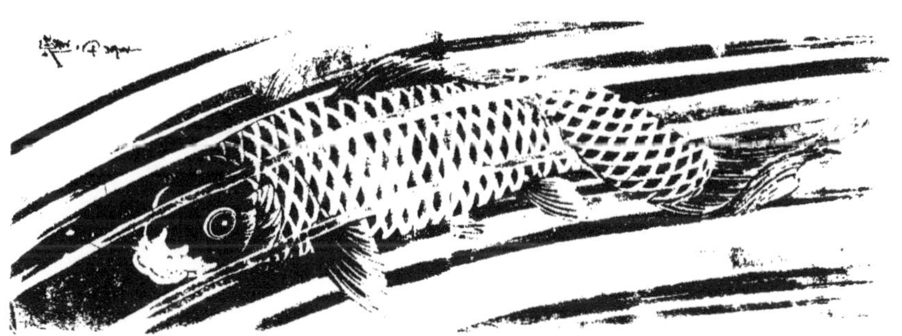

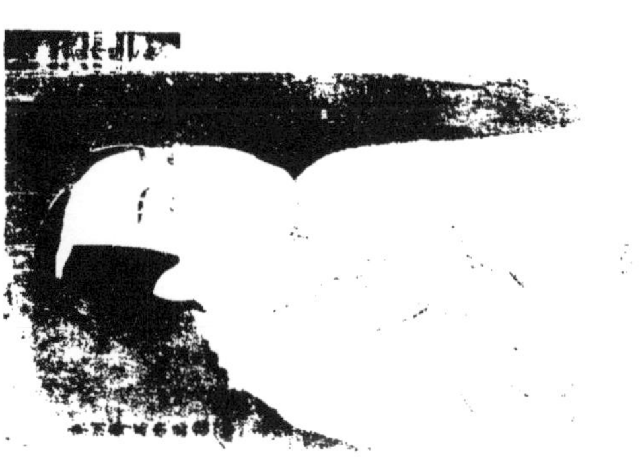

171 — Un portrait d'acteur à vêtement quadrillé rouge et vert, rictus de la bouche. Sharakou.
Pl. V.

172 — Yama-ouwa avec le Kintoki s'étant mis un demi-masque de papier sur le visage. Outamaro, xviiiᵉ siècle.

173 — Yama-ouwa et le Kintoki se tirant la langue devant une glace. Outamaro.

171 — Femme assise tenant un fil entre les mains. Outamaro.

175 — Deux femmes en bustes à grandes coiffures et peignes. Outamaro.

176 — Femme debout devant une vasque que tient un homme. Outamaro.

177 — Femme tenant un enfant sur son dos. Outamaro.

178 — Femme allaitant un enfant. Outamaro.

179 — Femme debout marchant. Nagayé. Grande feuille hauteur. Kyonaga, xviiiᵉ siècle.
Pl. IV.

180 — La cascade, série des 100 poésies. Hokousai, xixᵉ siècle.

181 — Le lac Biwa vu de haut avec les 2 personnages prêts à tourner le sentier. Hiroshighé, xivᵉ siècle

182 — La rivière, personnages passant à gué. Petit Tokaido. Hiroshighé.

183 — La rivière, épreuve plus claire. Hiroshighé.

181 — Le lac Biwa de haut avec les barques aux voiles tendues. Petit Tokaido. Hiroshighé.

185 — Le chemin du bord de la rivière que suit le porteur de masques. Grand Tokaido. Hiroshighé.

186 — La digue sur laquelle un personnage court après son chapeau. Grand Tokaido. Hiroshighé.

187 — Chemin au bord de la rivière Sumida avec cerisiers en fleurs. Hiroshighé.

188 — Faucon perché au-dessus du nid de ses petits. Nagayé. Hiroshighé.

189 — Deux Poissons. Hiroshighé.

190 — Cinq éventails. Paysages. Hiroshighé.

191 — La carpe remontant le courant. Nagayé. Keisai-Yesen. xixᵉ siècle.
Pl. V.

192 — Deux femmes accroupies et une debout. Yeisan. xixᵉ siècle.

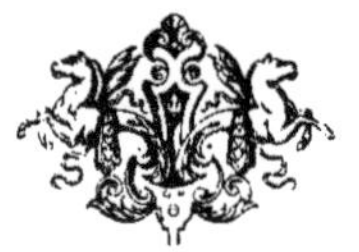

Poitiers. — Société française d'Imprimerie